CW01017645

DAS NÜTZLICHE KNOTENBUCH

WIE MAN DIE MEHR ALS 25 NÜTZLICHSTEN
SEILKNOTEN BINDET

SAM FURY

Illustrated by
DIANA MANGOBA

Übersetzt von
THE URBAN WRITERS

WARNUNGEN UND HAFTUNGSAUSSCHLÜSSE

Die Informationen in dieser Veröffentlichung werden nur zu Referenzzwecken veröffentlicht.

Weder der Autor, der Herausgeber noch irgendjemand anderes, der an der Erstellung dieser Publikation beteiligt ist, ist dafür verantwortlich, wie der Leser die Informationen verwendet oder welche Folgen sein Handeln hat.

INHALT

DANKE FÜR IHREN EINKAUF

Wenn Ihnen dieses Buch gefallen hat, hinterlassen Sie bitte eine Bewertung dort, wo Sie es gekauft haben. Das bringt mehr, als die meisten Leute denken würden.

Weitere deutschsprachige SF Nonfiction Books finden Sie unter:

www.SFNonFictionbooks.com/Foreign-Language-Books

Nochmals vielen Dank für Ihre Unterstützung .

EINFÜHRUNG

Jeder kann „etwas verknoten", aber ein richtiger Knoten ist robuster und deutlich leichter zu lösen. Es hilft auch dabei, Seil zu sparen, da Sie weniger brauchen (viele Knoten verbrauchen mehr als nötig) und es weniger wahrscheinlich ist, dass Sie die Knoten herausschneiden müssen, da sie leichter zu lösen sind.

Es gibt viele Knoten, viel zu viele, als dass die Durchschnittsperson sie sich merken könnte. Zum Glück muss man sie sich nicht alle merken. Wenn Sie nur eine Handvoll Knoten beherrschen, können Sie jede Situation gut meistern, in der ein Knoten benötigt wird.

Das Nützliche Knotenbuch ist eine einfache Anleitung für das Binden von mehr als 25 der nützlichsten Knoten. Es enthält leicht verständliche, bebilderte Anleitungen und Tipps, wann man welchen Knoten am besten verwendet.

FACHBEGRIFFE DES KNOTENBINDENS

Zur Vereinfachung der Beschreibung des Bindens von Knoten wird die folgende Terminologie verwendet.

Bucht

Jede Biegung zwischen den Enden des Seils, die sich nicht selbst überkreuzt.

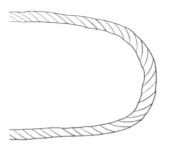

Kreuzungspunkt

Der Punkt, an dem sich das Seil selbst überkreuzt.

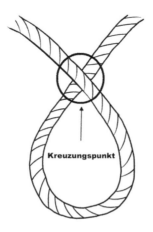

Last

Bezieht sich auf das Gewicht des gesicherten Objekts, z. B. wenn
Sie einen Baumstamm ziehen, ist der Stamm die Last.

Schleife

Ähnlich wie eine Bucht, aber die Enden überkreuzen sich, so dass
ein geschlossener Kreis entsteht.

Bei einer Überhandschleife liegt das laufende Ende über dem
stehenden Teil. Eine Unterhandschleife ist das Gegenteil (der
stehende Teil liegt über dem laufenden Ende).

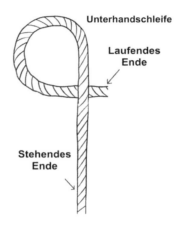

Seil

Ein in diesem Buch verwendeter allgemeiner Begriff, der sich auf
Schnur, Seil, Faden, Zwirn oder jedes andere Material bezieht, das
zum Binden eines Knotens verwendet wird.

Laufendes Ende

Der Teil des Seils, der zum Knüpfen des Knotens verwendet wird.
Wird auch als Arbeitsende bezeichnet.

Stehendes Ende

Der Teil des Seils, der nicht zum laufenden Ende gehört.

Stoßbelastung

Eine Stoßbelastung tritt bei einem plötzlichen Anstieg der Last auf. In einem solchen Fall ist die Belastung viel größer als das tatsächliche Gewicht des Objekts. Ein Beispiel dafür ist, wenn ein Kletterer stürzt und sein Gewicht plötzlich das Seil belastet.

Windung

Eine einzelne Umschlingung des Seils um einen Gegenstand. Eine runde Windung (siehe Abbildung) bedeutet, dass das Objekt vollständig umschlungen wird.

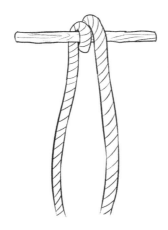

SEILPFLEGE

Die richtige Seilpflege verlängert die Belastbarkeit und die Haltbarkeitsdauer eines Seils. Unabhängig davon, ob es sich um ein hochwertiges Kletterseil oder um handgefertigtes Garn aus Pflanzenfasern handelt - es gelten dieselben Grundregeln.

Verschleiß Vermeiden

Es gibt viele Dinge, die den Verschleiß beschleunigen können. Vermeiden Sie, wenn möglich, das Folgende:

- Tiere. Tiere können am Seil nagen und kratzen.
- Ätzende Stoffe. Vermeiden Sie, dass Chlor, Marker, Öle, Farben, Benzin und alle anderen Chemikalien und ätzenden Stoffe mit dem Seil in Kontakt kommen.
- Feuchtigkeit. Ständig feuchte Bedingungen schwächen die Struktur des Seils.
- Hitze. Jegliche extreme und/oder lang anhaltende Hitze schadet dem Seil, wie z.b. Feuer oder direkte Sonneneinstrahlung.
- Reibung. Reibung kann das Seil erhitzen und durchtrennen. Beachten Sie, dass ein Seil, das an einem anderen Seil reibt, dieses beschädigen kann.
- Schmutz. Schmutz kann sich in das Seil einarbeiten und es steif und brüchig machen. Vermeiden Sie es, das Seil direkt auf dem Boden liegen zu lassen, und geben sie Acht, nicht darauf zu treten.
- Scharfe Kanten. Scharfe Kanten können das Seil zerschneiden. Seien Sie vorsichtig mit Glas, Metallen, Felsen usw. Legen Sie zum Schutz etwas zwischen das Seil und die scharfen Kanten, z. B. einen Teppich über den Stein, über den Sie das Seil führen müssen.

Ausfransen Vorbeugen

Dies bezieht sich auf den Schutz der Seilenden. Es gibt grundsätzlich zwei Möglichkeiten, das Ausfransen zu verhindern.

- Das Anflämmen erfolgt durch Schmelzen der Enden.
- Der Schlagknoten (oder Peitschen) ist eine Methode, bei der eine kleinere Schnur verwendet wird, um die Enden des Seils zu verflechten.

Ein Schlagknoten ist besser als das Anflämmen, ist aber auch etwas zeitaufwendiger. Eine Kombination aus Schlagknoten und Anflämmen ist die beste Lösung.

Einfache Schlagknotenmethode

Es gibt mehrere Möglichkeiten, ein Seil zu peitschen. Hier ist eine einfache und effektive Methode.

Legen Sie Ihre Schlagschnur am Seil entlang. Wicken Sie sie fünf bis zehn Mal so um das Seil, dass die Schnur sich selbst fixiert.

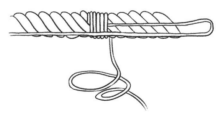

Formen Sie eine Biegung mit der Schnur und wickeln Sie sie dann fünf bis zehn Mal um die Biegung und das Seil.

Fädeln Sie das Ende der Schnur durch die Biegung und ziehen Sie dann am anderen Ende, so dass die Biegung die Schnur fixiert.

Schneiden Sie die Enden der Schnur ab.

Reinigung

Regelmäßiges Reinigen des Seils verlängert seine Lebensdauer. Waschen Sie das Seil von Hand in kaltem Wasser mit milder Seife. Spülen Sie die Seife aus und lassen Sie es an der Luft trocknen. Vermeiden Sie hier direkte Sonneneinstrahlung und verwenden Sie keine künstlichen Heizquellen.

Ablegen

Das Ablegen ist eine gute Methode, um das Seil gebrauchsfertig zu machen, denn es entfernt Knicke und sorgt dafür, dass das Seil reibungslos abläuft.

Entfernen Sie zunächst alle Knoten.

Um das Seil abzulegen, legen Sie zunächst ein Ende auf den Boden. Ziehen Sie den Rest des Seils durch Ihre lockere Faust und lassen Sie es auf den Boden fallen.

Aufwickeln

Ein aufgerolltes Seil ist leicht zu transportieren, zu verwenden und zu lagern. Es wird so verhindert, dass es sich verheddert und knickt.

Es gibt verschiedene Möglichkeiten, ein Seil aufzuwickeln. Hier ist eine relativ einfache Methode, die Sie an verschiedene Längen, Dicken und Seiltypen anpassen können.

Legen Sie das Seil zunächst wie zuvor beschrieben ab.

Halten Sie das Ende des abgelegten Seils in Ihrer rechten Hand. Wickeln Sie das Seil mit der linken Hand um den rechten Ellbogen und die rechte Handfläche. Wenn Ihnen das Seil ausgeht, greifen Sie mit der linken Hand die Schlaufen in der Mitte zusammen.

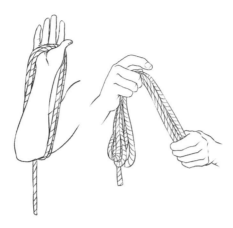

Falten Sie die Schlaufen in der Mitte und verwenden Sie das lose Ende des Seils (nicht das Ende, das Sie am Anfang gehalten haben), um das Bündel von Schlaufen fest zu umwickeln.

Zum Abbinden stecken Sie das Ende des Seils unter die letzte Schlaufe und ziehen es fest.

Wenn Sie das Seil verwenden möchten, wickeln Sie es in umgekehrter Reihenfolge ab, d.h. Sie müssen es aufbinden, abwickeln und ablegen. So vermeiden Sie Verhedderungen.

Für ein kürzeres Seil wickeln Sie es um die Hand statt um die Hand/den Ellenbogen.

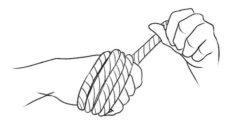

Befestigen Sie es auf die gleiche Weise. Sie brauchen es nicht in der Hälfte zu falten

Lagerung

Sobald das Seil aufgewickelt ist, hängen Sie es entweder an einem kühlen, trockenen Ort auf oder packen es in eine Tasche. Es gibt speziell angefertigte Seilsäcke, die Sie kaufen können, aber fast jeder Sack ist geeignet, solange Sie nicht etwas Bestimmtes brauchen, wie z. B. einen Rettungswurfsack.

Alternativ können Sie das Seil auch direkt in den Beutel fächern und die Enden an den Schlaufen des Beutels festbinden, damit sie leicht zu finden sind. Dies eignet sich gut für Seile, auf die Sie schnelln Zugriff haben müssen, z. B. für Rettungsseile.

Wartung und Ausmusterung

Ein Seil ausmustern bedeutet, es für die Verwendung als ungeeignet zu befinden. Bei professionell hergestellten Seilen gibt der Hersteller oft eine empfohlene Nutzungsdauer an, aber letztendlich liegt es an Ihnen.

Bei Seilen, die Gewicht tragen, insbesondere bei empfindlichen Lasten (z.B. einem Menschen), sollten Sie strenger sein.

Überprüfen Sie das Seil vor und nach jedem Gebrauch. Achten Sie auf Ausfransungen, Brandspuren, Abnutzung usw.

Auch die Vorgeschichte des Seils ist zu berücksichtigen. Wenn es zum Beispiel einer großen Stoßbelastung ausgesetzt war, sehr alt ist, ätzenden Stoffen ausgesetzt war oder schlecht gelagert wurde, wird es schwächer sein.

Verwandte Kapitel:

* Schlingen

KNOTEN

Obwohl Sie letztendlich jeden Knoten nach Belieben verwenden können, wie Sie mögen, sind die meisten für bestimmte Aufgaben gedacht. Sie werden in fünf große Kategorien eingeteilt.

Um das Lernen zu erleichtern, werden die Kategorien nach und nach aufsteigend vorgestellt.

Stopperknoten stehen an erster Stelle, weil sie oft als Grundknoten für andere Knoten verwendet werden. Außerdem sind sie leichter zu machen. Danach folgen Schlingen, dann Befestigungsknoten, Schlaufen und schließlich die Festmacher.

Stopperknoten

Stopperknoten sind nützlich, um ein Seil mit Gewicht zu behängen, um es als Griff zu verwenden (z.B. in einer Rettungsleine), um zu verhindern, dass das Seil durch ein Loch rutscht, um zu verhindern, dass ein abgeschnittenes Seil ausfranst, usw. Wenn sie um das stehende Ende eines Seils gebunden werden, können sie auch als Sicherung genutzt werden, um einem Versagen des Knotens vorzubeugen.

Schlingen

Schlingen werden in der Regel hergestellt, indem das Seil an sich selbst gebunden wird, um einen geschlossenen Kreis zu bilden. Sie werden hauptsächlich als Anschlagpunkte verwendet, z. B. als Griffe zum Klettern oder zum Einhängen eines Karabiners.

Befestigungsknoten

Befestigungsknoten sind nützlich, um das Seil an einem Objekt zu befestigen (z.b. ein Boot am Steg) oder um einen Baumstamm, den Sie ziehen möchten.

Schlaufen

Schlaufen werden verwendet, um zwei oder mehr Seillängen miteinander zu verbinden. Sie können nützlich sein, um gerissene Seile zu reparieren oder um aus zwei kürzeren Seilen ein Längeres zu bekommen.

Festmacherknoten

Festmacherknoten werden verwendet, um Gegenstände miteinander zu verbinden. Sie sind bei Bauarbeiten sehr nützlich.

DIE WAHL DES RICHTIGEN KNOTENS

Alle Knoten in diesem Buch sind nützlich, aber es wird immer einen geben, der am nützlichsten ist, je nachdem, wofür man ihn braucht.

Um zu entscheiden, welchen Knoten Sie verwenden sollen, müssen Sie die Eigenschaften jedes Knotens berücksichtigen. Wenn Sie bei einer Eigenschaft mehr Vorteile sehen, müssen Sie in der Regel bei einer anderen einen Kompromiss eingehen. Sie müssen den Knoten mit dem besten Gleichgewicht aller Eigenschaften für Ihr spezifisches Vorhaben finden.

Seinen Zweck Erfüllen

Sie müssen einen Knoten wählen, der den Zweck erfüllt, für den Sie ihn benötigen. Mit einem Festmacher lassen sich beispielsweise zwei Gegenstände besser miteinander verbinden als mit einem Schlaufenknoten.

Sicherheit

Die Sicherheit eines Knotens besteht darin, dass er fest gebunden bleibt, sich also nicht von selbst löst. Ständiger Druck (oder das Fehlen desselben), Stöße (im Wind oder Wasser), Vibrationen und andere Bewegungen können die Sicherheit eines Knotens beeinträchtigen.

Es macht Sinn, den Knoten mit der höchsten Sicherheitsstufe zu wählen, aber bedenken Sie, dass eine Verbesserung der einen Eigenschaft eine Verschlechterung der anderen zur Folge hat. Zum Beispiel kann ein sehr sicherer Knoten äußerst schwer zu lösen sein, was zum Problem werden kann, wenn ein schnelles Lösen eine Voraussetzung für die Aufgabe ist, für die Sie ihn benötigen.

Stärke

Jeder Knoten schwächt die Festigkeit des Seils, manche mehr als andere. Die Stärke des Knotens gibt an, wie sehr der Knoten das Seil schwächt.

Wenn die jeweilige Aufgabe (z.b. Klettern, Rettung oder Ziehen einer Last) erfordert, dass das Seil Gewicht hält und/oder Stoßbelastungen abfängt, wird diese Eigenschaft wichtig, insbesondere wenn kein Spezialseil verfügbar ist.

Einfaches Binden

Wenn etwas schnell oder wiederholt geknüpft werden muss, wird die Einfachheit des Knüpfens immer wichtiger. Sie wollen keine fünf Minuten mit einem Knoten verbringen, den Sie mehr als einmal machen müssen.

Schwierigkeit des Aufknotens

Es gibt Situationen, in denen der Knoten leicht zu lösen sein sollte, z.b. wenn Sie den Knoten schnell lösen wollen, ohne das Seil zu zerschneiden.

In anderen Fällen möchten Sie vielleicht, dass der Knoten schwieriger zu lösen ist, z.b. wenn Sie es einem Tier erschweren wollen, sich selbst zu befreien, oder wenn Sie verhindern wollen, dass andere Personen den Knoten leicht lösen können.

Ein weiterer Faktor ist, wie leicht der Knoten zu lösen ist, nachdem er seine Aufgabe erfüllt hat. Einige Knoten sind so konstruiert, dass sie sich auch dann noch leicht lösen lassen, wenn sie stark gespannt sind oder das Seil unter Wasser aufgequollen ist, oder beides.

Verwandte Kapitel:

- Festmacherknoten

STOPPERKNOTEN

Stopperknoten sind nützlich, um ein Seil zu beschweren, um es als Griff zu verwenden (z.B. in einer Rettungsleine), um zu verhindern, dass das Seil durch ein Loch rutscht, um zu verhindern, dass ein abgeschnittenes Seil ausfranst, usw. Wenn sie um das stehende Ende eines Seils gebunden werden, können sie auch als Sicherung verwendet werden, um ein Versagen des Knotens zu verhindern.

Überhandknoten

Er ist der einfachste aller Knoten und bildet die Grundlage für viele andere Knoten. Ein Überhandknoten lässt sich nur schwer wieder lösen, wenn er einmal geknüpft ist.

Machen Sie eine Unterhandschlaufe, indem Sie das laufende Ende des Seils unter das stehende Ende führen. Führen Sie das laufende Ende von vorne nach hinten durch die Schlaufe.

Ziehen Sie an beiden Enden, um sie festzuziehen.

Der Überhandknoten kann voluminöser gestaltet werden, indem das laufende Ende mehrmals durch die Schlaufe geführt wird. Schieben Sie die erste Windung in die Mitte des Knotens. Wenn man es zweimal macht, entsteht ein doppelter Überhandknoten, und wenn man es dreimal oder öfter macht, entsteht ein Blutknoten.

Achterknoten

Der Achterknoten erfüllt die gleichen Funktionen wie der Überhandknoten, lässt sich aber viel leichter lösen.

Machen Sie eine nach oben gerichtete Überhandschlaufe und
führen Sie das laufende Ende zurück unter das stehende Ende.
Führen Sie das laufende Ende durch die erste Schlaufe, die Sie
gemacht haben, zurück. Ziehen Sie beide Enden voneinander weg,
um den Knoten zu festigen.

Schnell-lösender Achterknoten

Sie können den Achterknoten schnell lösen, indem Sie das laufende
Ende durch die erste Schlaufe zurückführen, bevor Sie den Knoten
festziehen.

Zum Lösen des Knotens ziehen Sie am laufenden Ende.

Dies kann auch mit dem Überhandknoten geschehen.

SCHLINGEN

Schlingen werden in der Regel hergestellt, indem das Seil an sich selbst gebunden wird, um einen geschlossenen Kreis zu bilden. Sie werden hauptsächlich als Anschlagpunkte verwendet, z.b. als Griffe zum Klettern oder zum Einhängen eines Karabiners.

Überhandknoten

Der Überhandknoten kann auch zur Herstellung einer Schlaufe verwendet werden. Er funktioniert gut mit Angelschnur, kann aber schwer zu lösen sein.

Verdoppeln Sie das Seil, um eine Schlaufe zu bilden, und machen Sie dann einen Überhandknoten in die Schlaufe.

Palstek

Ein Palstek ist eine feste Schlaufe, die sich unter Belastung weder zusammenzieht noch verrutscht. Er eignet sich gut zum Festbinden von Dingen, die Sie sichern/anbinden wollen, wie z.B. ein Floß oder eine Person.

Halten Sie das Seil in der rechten Hand, wobei das stehende Ende nach hinten zeigt. Machen Sie eine Überhandschlaufe, so dass die Schlaufe nach links zeigt.

Führen Sie das laufende Ende durch die Schlaufe, die Sie gemacht haben, und dann um die Rückseite des stehenden Endes.

Das laufende Ende führt dann über den Kreuzungspunkt und zurück durch die ursprüngliche Schleife.

Zum Festziehen des Knotens ziehen Sie das stehende Ende und das doppelt gelegte laufende Ende in entgegengesetzte Richtungen.

Sie können den Palstek mit einem Stopperknoten (Überhandknoten) abschließen, der an der Seite der Schlaufe gebunden wird.

Sobald Sie den Palstek knüpfen können, sollten Sie üben, ihn um Dinge herumzuführen. Er verändert die Ausrichtung, daher ist Übung gefragt.

Schmetterlingsschleife

Die Schmetterlingsschleife (auch alpiner Schmetterlingsknoten oder Seilschlinge genannt) ist nützlich, um eine feste Schlinge in der

Mitte eines Seils zu bilden. Sie ist sicher, kann sicher in mehrere Richtungen belastet werden und lässt sich auch nach einer schweren Belastung noch relativ leicht lösen.

Die Schmetterlingsschleife ist unter anderem ein sehr guter Knoten, um ein Seil zu verkürzen oder einen beschädigten Abschnitt abzubinden. Dies ist dem Abschneiden eines Seils vorzuziehen, da ein wieder zusammengefügtes Seil weniger Festigkeit hat.

Nehmen Sie ein Stück des Seils und drehen es zweimal in dieselbe Richtung, so dass Sie zwei Kreuzungspunkte und damit zwei Schlaufen haben.

Der Einfachheit halber wird die Schlaufe, die am weitesten von den Seilenden entfernt ist, als Schlaufe eins und die Schlaufe zwischen den Seilenden und der ersten Schlaufe als Schlaufe zwei bezeichnet.

Fassen Sie die Spitze der Schlinge der ersten Schlaufe und bringen Sie sie über den Kreuzungspunkt der zweiten Schlaufe hinaus.

Führen Sie dann die Spitze der ersten Schlaufe durch die zweite Schlaufe.

Ziehen Sie zum Festziehen an allen Enden.

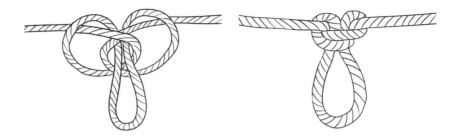

Achterknoten

Wie der Überhandknoten kann auch der Achterknoten in eine feste Schlaufe verwandelt werden, indem man den Knoten auf der Bucht macht.

Zum Festziehen ziehen Sie an jedem losen Ende, d.h. an der Schlaufe und an den laufenden/stehenden Enden.

Knüpfen Sie den Knoten so, dass er sauber ist und sich das Seil nicht überkreuzt. So bleibt der Knoten stabil und lässt sich leichter lösen.

Eingefädelter Achterknoten

Dies ist ein guter Weg, um an einer festen Schlinge etwas festzuknoten. Er wird oft von Kletterern verwendet, da er als sicherer gilt als der Palstek.

Formen Sie mit dem Seil eine Acht. Achten Sie darauf, dass ein langes Ende übrig bleibt. Führen Sie das laufende Ende durch/um das, woran Sie es befestigen wollen, und zeichnen Sie damit den Weg der ursprünglichen Acht nach. Ziehen Sie es auf die gleiche Weise fest, wie Sie die Achterschleife gemacht haben.

BEFESTIGUNGSKNOTEN

Befestigungsknoten sind nützlich, um das Seil an einem Objekt zu befestigen (z.B. ein Boot am Steg) oder auch um einen Baumstamm zu fixieren, den Sie ziehen möchten.

Halber Schlag

Der halbe Schlag ist leicht zu binden und auch nach erheblicher Belastung leicht zu lösen. Er ist so konzipiert, dass er am stehenden Ende belastet werden kann.

Aufgrund seiner Einfachheit ist er relativ leicht zu lösen. Um dies zu verhindern, wird dieser halbe Schlag normalerweise in Verbindung mit anderen Knoten verwendet. Gängige Beispiele sind der Rundtörn und zwei halbe Knoten, bei denen drei weniger sichere Knoten zu einem sehr sicheren Knoten zusammengefügt werden, der leicht zu binden und zu lösen ist.

Der halbe Schlag wird häufig als Reserveknoten und zur Verwendung von Seilresten verwendet, um diese aus dem Weg zu räumen.

Um den halben Schlag zu binden, schlingen Sie das Seil um den Gegenstand. Bringen Sie das laufende Ende nach hinten und dann zurück über das stehende Ende. Das laufende Ende wird dann durch die Schlaufe oberhalb des entstandenen Kreuzungspunktes gefädelt.

Auf diesem Bild ist der halbe Schlag locker, aber in der Praxis sollte er straff gezogen und wiederholt werden (zwei halbe Knoten), um einen sicheren Knoten zu erzeugen.

Clinch-Knoten

Der Clinch-Knoten wird am häufigsten als Angelknoten verwendet, um einen Haken (oder Köder, Wirbel usw.) an einer Schnur zu befestigen. Er wird am besten mit leichteren Schnüren verwendet.

Fädeln Sie das laufende Ende der Schnur durch die Öse des Hakens und wiederholen Sie den Vorgang in derselben Richtung, um eine runde Windung zu erzeugen. Wickeln Sie das Ende der Schnur mindestens viermal um den stehenden Teil, besser noch öfter. Wenn Sie die Schlaufen beim Umwickeln unter den Fingern halten, wird es einfacher.

Fädeln Sie das laufende Ende durch die Schlaufen, die durch die runde Drehung entstanden sind. Dadurch entsteht eine zweite, größere Schlaufe. Fädeln Sie das laufende Ende durch diese zweite Schlaufe nach unten.

Ziehen Sie den Knoten fest. Die Windungen verändern ihre Position und drücken sich gegen das Hakenöhr. Schneiden Sie bei Bedarf das Ende des laufenden Endes ab.

Webeleinenstek

Der Webeleinenstek ist eine nützliche Grundlage für viele andere Knoten (z.b. zum Festzurren) und eignet sich auch gut als eigenständiger Knoten.

Webeleinenstek Methode eins: Wenn das Seil beim Knüpfen nicht unter Spannung steht und Sie es über das Objekt gleiten lassen können, können Sie diese schnelle Methode anwenden.

Machen Sie zwei Schlaufen in das Seil, die in entgegengesetzte Richtungen zeigen, wie unten abgebildet. Legen Sie die rechte Schlaufe über die linke Schlaufe. Legen Sie beide Schlaufen über den Gegenstand und ziehen Sie dann das laufende und das stehende Ende auseinander, um den Knoten festzuziehen.

Webeleinenstek Methode zwei: Wickeln Sie das laufende Ende des Seils um den Gegenstand, an dem Sie es befestigen wollen, so dass sich das laufende Ende mit dem stehenden Ende kreuzt. Wickeln Sie das laufende Ende ein zweites Mal um und führen Sie es dann unter sich selbst hindurch. Ziehen Sie es wie zuvor fest.

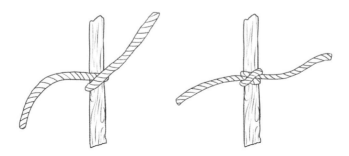

Konstriktorknoten

Durch eine kleine Anpassung der Art und Weise, wie Sie den Webeleinenstek machen, können Sie den Konstriktorknoten erstellen.

Knüpfen Sie den Webeleinenstek wie in Methode zwei, aber diesmal führen Sie das laufende Ende unter der ersten Windung durch, bevor Sie es festziehen.

Der Konstrictorknoten eignet sich gut für dünne Seile. Er gilt als sicherer als der Webeleinenstek, ist aber schwieriger zu lösen.

Ankerstich

Der Ankerstich (auch bekannt als Lerchenkopf) ist kein sehr sicherer Knoten, aber er ist schnell zu knüpfen und nützlich bei der Herstellung von Netzen und anderen Seilkonstruktionen.

Damit sich das Seil nicht selbst löst, müssen beide Enden gleichmäßig belastet werden. Bilden Sie eine Schlaufe im Seil, indem Sie es verdoppeln. Führen Sie diese Schlaufe um das Objekt, an dem Sie es befestigen wollen. Ziehen Sie beide Enden des Seils durch die entstandene Schlaufe und ziehen Sie sie dann beide fest.

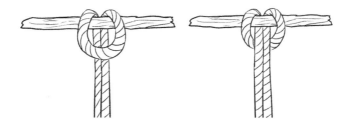

Ankerstich mit Stöckchen: Diese Variante ist nützlich, wenn die beiden Enden gesichert sind und nur die Schlaufe um das Objekt herumgeführt werden kann.

Führen Sie die Schlaufe um das Objekt herum und befestigen Sie sie mit einem Stöckchen zwischen der Schlaufe und den stehenden Enden, um sie zu fixieren.

Riffknoten

Der Riffknoten (auch Quadratknoten genannt) ist ein guter Binde-knoten, der leicht zu binden und zu lösen ist.

Viele Leute verwenden den Riffknoten, um zwei Seile miteinander zu verbinden. Davon ist abzuraten, vor allem, wenn das Seil belastet werden soll. Es gibt weitaus bessere Verbindungsknoten, die speziell für diese Aufgabe entwickelt wurden.

Um einen Riffknoten zu machen, legen Sie das Seil um den Gegen-stand, den Sie binden wollen. Nehmen Sie das linke Ende, führen Sie es von unten über das rechte und stecken Sie es dann unter das rechte Ende. Nehmen Sie nun das neue rechte Ende, kreuzen Sie es über das linke Ende und stecken Sie es darunter. Ziehen Sie die linken und rechten Stränge auseinander, um den Knoten zu festigen.

Eine einfache Möglichkeit, sich dies zu merken, ist die Formel „links über rechts und unten, rechts über links und unten".

Chirurgenknoten

Eine Variante des Riffknotens ist der Chirurgenknoten, der mehr Sicherheit bietet.

Um einen Chirurgenknoten zu binden, machen Sie eine zusätzliche Drehung, wenn Sie den Teil „links über rechts" binden. Dadurch bleibt der Knoten an seinem Platz, während Sie den Rest des

Knotens binden. Sie können auch eine zusätzliche Drehung im
„rechts über links"-Teil machen, um den Knoten noch sicherer zu
machen.

Runde Drehung und zwei halbe Schläge

Dieser Knoten ist schnell zu knüpfen und sehr sicher. Er lässt sich
auch relativ leicht lösen, selbst wenn er stark beansprucht wird.

Für die runde Drehung legen Sie das laufende Ende des Seils um
Ihr Objekt, so dass das Seil es vollständig umschließt.

Knüpfen Sie einen halben Schlag, indem Sie das laufende Ende
hinter das stehende Ende bringen. Machen Sie eine Drehung um
das stehende Ende und fädeln Sie es dann durch die Lücke, die Sie
zwischen dem laufenden und dem stehenden Ende gemacht haben.

Legen Sie auf die gleiche Weise eine zweite halbe Schlaufe an, die
unterhalb der ersten halben Schlaufe liegen muss. Ziehen Sie an
beiden Enden, um sie festzuziehen.

Zimmermannsknoten

Der Zimmermannsknoten eignet sich zum Sichern von zylindrischen Gegenständen, z.B. Holzstämmen. Er ist sicher, wenn er unter Spannung steht, lässt sich aber auch nach einer schweren Last noch leicht lösen.

Er eignet sich hervorragend zum Ziehen großer Gegenstände und ist auch zum Befestigen der Sehnean einem Langbogen sowie von Saiten an einigen Instrumenten, z.B. Gitarren, nützlich.

Wickeln Sie das Seil um den Gegenstand. Bringen Sie das laufende Ende unter und dann wieder über das stehende Ende. Wickeln Sie das laufende Ende drei- oder viermal um sich selbst (zwischen dem Seil und dem Gegenstand). Ziehen Sie es fest.

Wenn Sie den Zimmermannsknoten zum Ziehen/Heben von Lasten verwenden, können Sie auf der Zugseite einige halbe Schläge anbringen. So bleibt die Last gerade, während Sie sie ziehen.

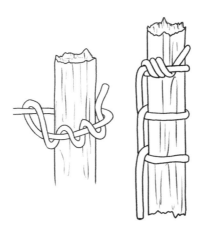

Fuhrmannsknoten

Der Fuhrmannsknoten ist ein einfaches Spannsystem, das sich hervorragend eignet, um eine Ladung auf einem Fahrzeug zu sichern, ein Dach zu befestigen, eine Zeltabspannleine superstraff zu machen usw.

Es gibt mehrere Möglichkeiten, einen Fuhrmannsknoten zu machen. Die folgende Methode verwendet eine Kombination von Knoten, die bereits in diesem Buch aufgeführt wurden.

Befestigen Sie ein Ende des Seils (Webeleinenstek, Rundtörn und zwei halbe Stiche, Bugleine usw.) an dem Gegenstand, an dem Sie die Last befestigen wollen. Wickeln Sie das laufende Ende über das Objekt, das Sie sichern möchten, und dann wieder nach unten.

Legen Sie eine feste Schlaufe an, z. B. eine Schmetterlingsschlaufe, etwa zwei Drittel über dieser Linie. Führen Sie das laufende Ende unter einem gesicherten Punkt hindurch und dann zurück durch die feste Schlaufe, die Sie gemacht haben.

Ziehen Sie so weit wie möglich nach unten, um die Last zu straffen, und binden Sie das Seil dann mit zwei halben Schlägen an sich selbst fest.

Verwandte Kapitel:

- Festmacherknoten
- Schlingen
- Fachbegriffe des Knotenbindens

SCHLAUFEN

Schlaufen werden verwendet, um zwei oder mehr Seillängen miteinander zu verbinden. Sie können nützlich sein, um gerissene Seile zu reparieren oder um aus zwei kürzeren Seilen ein Längeres zu bekommen.

Achterknoten (Schlaufe)

Der Achterknoten (Schlaufe) ist eine relativ einfache und sichere Methode, um zwei Seile miteinander zu verbinden. Er ist auch gut geeignet, um einen Prusikknoten aus Seil zu machen, der zum Klettern verwendet werden kann. Er wird am besten mit gleich breiten Seilen ausgeführt, vor allem, wenn er eine empfindliche Last halten soll.

Knüpfen Sie eine lose Acht in das Ende von einem der Seile. Folgen Sie mit dem anderen Seil dem Weg der ursprünglichen Acht, ähnlich wie bei einer aufgefädelten Acht). Achten Sie darauf, dass sich das Seil nicht überkreuzt und die Enden in entgegengesetzte Richtungen zeigen. Ziehen Sie an allen Enden, um sie zu straffen.

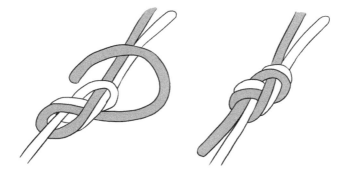

Schotstek

Die Schotstek ist eine einfache Methode, um zwei Seile miteinander zu verbinden.

Machen Sie in einem der Seile einen Knoten. Führen Sie das laufende Ende des zweiten Seils durch die Biegung, so dass es sich über die Spitze des ersten Seils und unter sich selbst schlingt. Ziehen Sie die Schlaufe fest, indem Sie beide Enden des ersten Seils von dem stehenden Ende des zweiten Seils wegziehen.

Doppelter Schotstek

Der doppelte Schotstek kann verwendet werden, wenn Sie mehr Sicherheit wünschen, z.B. wenn das Seil stoßweise beansprucht wird, wenn das Seil nass ist und/oder wenn die verwendeten Seile eine unterschiedliche Seilfestigkeit haben.

Ein doppelter Schotstek ist dasselbe wie ein normaler Schotstek, nur dass Sie das zweite Seil ein zweites Mal um das erste Seil wickeln, bevor Sie es unter sich legen.

Wenn Sie Seile unterschiedlicher Dicke verwenden, sollte das dünnere Seil das zweite sein.

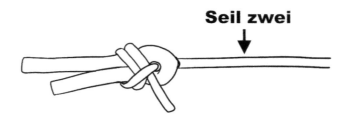

Seil zwei

Verwandte Kapitel:

- Schlingen
- Abseilen

FESTMACHERKNOTEN

Festmacherknoten werden verwendet, um Gegenstände miteinander zu verbinden. Sie sind bei Bauarbeiten sehr nützlich.

Kreuzbund

Der Kreuzbund wird verwendet, um Stangen in einem 90°-Winkel zusammenzuhalten.

Legen Sie zwei Stangen in einem Kreuz so zusammen, dass die vertikale Stange über der horizontalen liegt. Binden Sie an der senkrechten Stange unterhalb der waagerechten Stange einen Webeleinenstek. Führen Sie das laufende Ende unter der horizontalen Stange durch (auf der rechten Seite der vertikalen Stange), dann über die vertikale Stange (auf der Oberseite der horizontalen Stange). Führen Sie dann das laufende Ende unter der horizontalen Stange auf der linken Seite durch, und ziehen Sie es fest, so dass der Haken auf die rechte Seite der vertikalen Stange rutscht.

Führen Sie das Seil weiter gegen den Uhrzeigersinn über die Vertikalen und dann unter den Horizontalen hindurch. Ziehen Sie bei jedem Durchgang fest. Machen Sie drei volle Umdrehungen.

Das lange Ende des Seils sollte unter der rechten Seite der horizontalen Stange enden. Führen Sie es über die Vorderseite der horizontalen Stange zurück und dann hinter das untere Ende der vertikalen Stange. Das nennt man Frapping. Ziehen Sie es ganz fest.

Gehen Sie über die linke Seite der horizontalen Stange und dann unter die Oberseite der vertikalen Stange, und ziehen Sie das Seil fest. Das ist eine Frapping-Drehung. Machen Sie insgesamt drei Frapping-Drehungen und knüpfen Sie dann einen Webeleinenstek an der unteren Seite der vertikalen Stange.

Achten Sie beim Webeleinenstek darauf, dass Sie den ersten halben Stek festziehen, bevor Sie den zweiten machen.

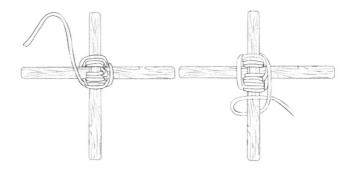

Schneiden Sie überschüssiges Material ab und/oder stecken Sie es unter die Zurrgurte.

Diagonalbund

Die Diagonalbund kann verwendet werden, wenn sich die Stangen nicht im rechten Winkel kreuzen. Er ist auch nützlich, wenn die Stangen zum Binden zueinander gezogen werden müssen.

Kreuzen Sie zwei Stangen übereinander und binden Sie horizontal einen Chirurgenknoten um die Stangen, so dass das laufende Ende nach rechts zeigt. Führen Sie das laufende Ende hinter die Stangen zurück, so dass es sich auf der linken Seite befindet. Führen Sie das laufende Ende waagerecht über und unter die Stangen. Ziehen Sie es fest. Machen Sie dies dreimal.

Das laufende Ende sollte links enden. Führen Sie es über die untere linke Stange und dann unter das Kreuz, so dass es senkrecht über die Spitze kommt. Ziehen Sie es fest.

Machen Sie drei vertikale Drehungen und ziehen Sie nach jeder Drehung das Seil fest. Ihr laufendes Ende sollte zum Schluss nach unten laufen.

Führen Sie einige Frappings durch, indem Sie das Seil gegen den Uhrzeigersinn unter und dann über jede Stange führen. Halten Sie es straff. Machen Sie drei volle Umdrehungen.

Schließen Sie den Knoten mit einem Webeleinenstek ab und schneiden Sie ihn bei Bedarf ab.

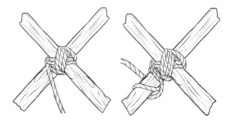

Parallelbund

Ein Parallelbund ist gut geeignet, um Stangen parallel miteinander zu verbinden.

Legen Sie zwei Stangen nebeneinander, so dass sie waagerecht liegen. Binden Sie einen Webeleinenstek um beide Stangen, links von der Stelle, an der Sie den Rest der Verzurrung vornehmen wollen.

Legen Sie das kurze Ende waagerecht zwischen die beiden Stangen rechts von Ihrem Webeleinenstek, so dass Sie über ihnen liegen. Wickeln Sie das laufende Ende um die beiden Stangen und ziehen Sie es nach jeder Umdrehung fest. Machen Sie so viele Umdrehungen, dass die Länge des Knotens der Breite der beiden Stangen entspricht.

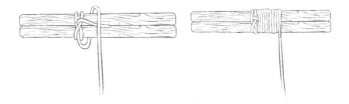

Machen Sie Frapping-Drehungen, indem Sie das Seil zwischen den beiden Stangen auf der rechten Seite hindurchführen und dann auf der linken Seite zwischen ihnen wieder hochkommen. Das sollte etwas schwieriger gehen, da Sie die Zurrgurte straff gezogen haben.

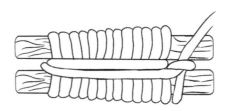

Machen Sie zwei Umdrehungen und schließen Sie mit einem Webeleinenstek um das Ende einer der Stangen ab.

Hinweis: Sie können auch Keile zwischen die beiden Stangen legen, anstatt des Frappings.

Dreibeinbund

Ein Dreibeinbund ist das gleiche wie ein Parallelbund, jedoch mit einer weniger starken Zurrung und Frapping-Drehungen. Ziehen Sie die Beine auseinander, um den A-Rahmen zu bilden.

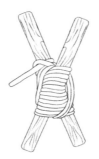

SURVIVAL ROPING-TECHNIKEN

Die in diesen Bonuskapiteln beschriebenen Methoden wenden einige der im Hauptteil des Buches beschriebenen Knoten an. Es handelt sich um Techniken, die in einer Überlebenssituation für Sie nützlich sein können.

Warnung: Die folgenden Techniken sind Überlebenssituationen vorbehalten, in denen es keine andere Möglichkeit mehr gibt. Wenn Sie sich dafür entscheiden, sie anzuwenden, stellen Sie sicher, dass Sie alle notwendigen Vorsichtsmaßnahmen ergreifen, um Ihre Sicherheit zu gewährleisten.

Die folgenden Informationen stammen aus dem Buch *Emergency Roping and Bouldering* von Sam Fury.

www.SFNonFictionbooks.com/Foreign-Language-Books

ABSEILEN

Die Technik des Abseilens mit nur einem Seil ist als Dülfersitz bekannt.

Damit das funktioniert, brauchen Sie ein Seil, das mindestens doppelt so lang ist wie die Strecke, die Sie abseilen wollen, und das stark genug ist, um Ihr Gewicht zu halten.

Finden Sie die Mitte des Seils und wickeln Sie es um einen festen Anker. Achten Sie darauf, dass es nicht an scharfen Kanten reibt, und testen Sie die Stabilität mit Ihrem ganzen Gewicht. Rütteln Sie daran, um sicherzugehen.

Führen Sie beide Enden des Seils von vorne nach hinten zwischen den Beinen hindurch und dann links vom Körper über die rechte Schulter und den Rücken hinunter.

Aus Gründen des Komforts (und wenn Sie die nötigen Hilfsmittel haben) können Sie Ihre Schultern und Ihre Leistengegend etwas abpolstern.

Halten Sie das Seil mit der linken Hand vorne und mit der rechten Hand hinten.

Stellen Sie Ihre Füße im Abstand von etwa 45 cm fest an den Hang und lehnen Sie sich zurück, so dass das Seil Ihr Gewicht trägt. Versuchen Sie nicht, sich mit den Händen abzustützen.

Gehen Sie langsam nach unten, während Sie die Hände nacheinander absenken.

AUFSTIEG

Der Prusikknoten am Seil ist eine Selbstrettungsmethode, die von Kletterern verwendet wird. Es ist eine relativ sichere Methode, um an einem Seil aufzusteigen, wenn es keinen einfachen Ausstieg gibt. Er kann auch in umgekehrter Richtung angewendet werden, wenn man sich abseilen muss.

Kletterer verfügen über eine professionelle Ausrüstung wie Klettergurte und Karabinerhaken, Sie hingegen wahrscheinlich nicht. Dennoch ist es sicherer, ein Seil ohne Gurt mit Prusikknoten zu besteigen, als zu versuchen, ohne ein Prusiksystem aufzusteigen. Improvisierte Klettergurte oder auch nur ein kurzes Seil, das mit einem Palstek um die Taille gebunden wird, können (und sollten) ebenfalls angefertigt werden, wenn man über die nötigen Mittel verfügt.

Als Erstes müssen Sie zwei geschlossene Schleifen erstellen. Das sind Ihre Prusikschlingen. Viele Arten von Knoten können verwendet werden, um eine geschlossene Schlinge zu erstellen, aber die meisten von ihnen sind nicht sicher, wenn sie beim Prusiken verwendet werden.

Kletterer verwenden oft einen doppelten Fischerknoten, aber eine schnellere Methode ist die Verwendung eines Achterknotens. Diese Art von Knoten ist auch einfacher zu knüpfen als ein doppelter Fischerknoten und leichter zu lösen, auch wenn das Gewicht bereits darauf liegt.

Die beiden Prusikschlingen sollten aus einem Seil bestehen, das etwa den halben Durchmesser des Seils hat, an dem Sie auf- oder absteigen wollen. Idealerweise ist ein Seil etwa 20 cm länger als Ihre eigene Körpergröße, und das zweite Seil ist doppelt so lang wie Sie.

Das Seil, das Sie für Ihre Prusikschlingen verwenden, muss stark genug sein, um Sie bei einem Sturz zu halten. Das bedeutet nicht nur, dass es Ihr Gewicht halten kann; es muss auch stark genug sein, um die Stoßbelastung auszuhalten.

Prusikknoten

Wenn Sie Ihre Prusikschlingen hergestellt haben, befestigen Sie sie mit dem Prusikknoten an dem Seil, das Sie zum klettern nutzen wollen (dem Hauptseil).

Legen Sie die Schlaufe quer über Ihr Hauptseil, wobei der Verbindungsknoten (Achterbogen) nach rechts zeigt. Wickeln Sie die Prusikschlaufe auf der verknoteten Seite um das Hauptseil. Machen Sie dies mindestens zweimal. Je mehr Umwicklungen Sie machen, desto mehr Reibung haben Sie.

Ziehen Sie die Schlaufen langsam fest. Achten Sie dabei darauf, dass alle Linien sauber nebeneinander liegen. Sie dürfen sich nicht überlappen oder kreuzen. Achten Sie beim Festziehen der Schlaufen darauf, dass die Achterschleife nahe an der Hauptschnur liegt.

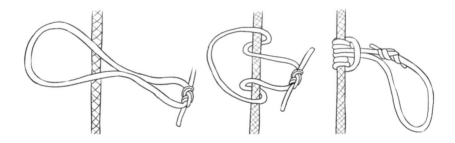

Aufsteigen auf der Hauptlinie mit Prusik-Schleifen

Binden Sie beide Prusikschlaufen mit Prusikknoten an das Hauptseil. Binden Sie die kleinere Prusikschlaufe über der größeren Schlaufe fest.

Ein Prusikknoten funktioniert, weil man ihn nach oben schieben kann, aber er nicht rutscht, wenn man ihn nach unten zieht. Testen Sie ihn mit Ihrem gesamten Gewicht, bevor Sie ihn zum Klettern verwenden. Fügen Sie bei Bedarf zusätzliche Windungen hinzu.

Befestigen Sie die obere Prusikschlaufe an Ihrem Klettergurt.

Hinweis: Die Reibung der Seile untereinander kann das Seil zertrennen. Wenn Sie einen Karabiner haben, verwenden Sie ihn. Wenn nicht, achten Sie besonders darauf, dass die Reibung zwischen Ihrem Gurt und der Prusikschlaufe nicht zu groß wird.

Schieben Sie die obere Prusikschlaufe so weit nach oben, wie Sie greifen können.

Schieben Sie die untere Prusikschlaufe etwa auf Kopfhöhe, oder so hoch, wie Sie sie greifen und Ihren Fuß noch hineinstecken können. Stellen Sie Ihren Fuß in die Schlaufe und stehen Sie auf. Der Verbindungsknoten der Prusikschlaufe ist der schwache Teil, also lassen Sie die Finger davon.

Schieben Sie die obere Prusikschlaufe so hoch wie möglich und belasten Sie sie, indem Sie sich in Ihren Klettergurt setzen.

Schieben Sie nun die untere Prusikschlaufe so weit wie möglich nach oben und stellen Sie Ihren Fuß hinein. Stehen Sie auf und schieben Sie die obere Prusikschlaufe wieder nach oben. Wiederholen Sie diese Bewegung.

Um abzusteigen, kehren Sie die Bewegungen einfach um.

Aufsteigen ohne Klettergurt

Es ist möglich, mit Prusikschlingen ohne Gurt aufzusteigen, aber das ist äußerst riskant und verbraucht deutlich mehr Energie. Ausreichend Kraft ist erforderlich.

Machen Sie Ihre Schlaufen kleiner als üblich und haben Sie mindestens zwei, besser vier davon.

Angenommen, Sie verwenden vier Prusikschlaufen, dann sind die oberen beiden für Ihre Hände und die unteren beiden für Ihre Füße. Sie sollten alle ziemlich eng anliegen, damit Sie sie mit minimaler Bewegung hochschieben können.

Stellen Sie Ihre Füße in die beiden unteren Prusikschlaufen und halten Sie sich mit den Händen an den oberen fest. Schieben Sie Ihre Hände mit den oberen Prusikschlaufen so hoch Sie können. Ziehen Sie sich hoch und schieben Sie die unteren Prusikschlaufen mit den Beinen so hoch wie möglich, dann stehen Sie auf und schieben die oberen Prusikschlaufen wieder hoch. Wiederholen Sie diesen Vorgang.

Seilklettern

Wenn Sie kein Seil haben, das Sie als Prusikschlaufe verwenden können, können Sie das Seil mit der einfachen Seilkletter-Methode erklettern.

Lassen Sie das Seil an der Außenseite eines Ihrer Beine herunterfallen. Treten Sie mit dem Fuß, der dem Seil am nächsten ist, auf das Seil und stellen Sie dann den anderen Fuß darunter. Sie befinden sich jetzt in der Grundstellung.

Greifen Sie das Seil so weit oben wie möglich und lassen Sie sich daran hängen. Bringen Sie Ihre Füße so weit wie möglich nach oben (ziehen Sie sich hoch und bringen Sie die Knie zur Brust) und stellen Sie sie in die Grundstellung.

Diese Position fixiert das Seil, so dass Sie stehen können (und sich bei Bedarf ausruhen). Ziehen Sie sich wieder so hoch wie möglich und wiederholen Sie den Vorgang.

Knotenleiter

Eine Reihe von Überhandknoten, die in regelmäßigen Abständen entlang eines glatten Seils geknüpft werden, erleichtern das Klettern erheblich.

Strickleiter

Wenn Sie eine Strickleiter benötigen, besteht eine Möglichkeit darin, so viele feste Schlaufen (Schmetterlingsschlaufen eignen sich gut) in ein Seil zu knüpfen, wie Sie Hand- und Fußstützen benötigen.

Eine andere Möglichkeit ist die Verwendung von zwei Seilen (oder einem Seil in doppelter Ausführung). Knüpfen Sie entlang der Seile feste Schlaufen, die einander gegenüberliegen.

Stecken Sie dabei Stäbe (die Sprossen der Leiter) in die Schlaufen und ziehen Sie den Knoten um sie herum langsam fest, um sie zu fixieren. Lassen Sie die Sprossenenden an den Seiten des Knotens etwas herausragen, damit sie nicht herausrutschen können.

Verwandte Kapitel:

- Schlingen
- Befestigungsknoten
- Improvisierte Klettergurte

IMPROVISIERTE KLETTERGURTE

Improvisierte Klettergurte sind vielleicht nicht die Bequemsten, aber es ist dennoch sehr nützlich, zu wissen, wie man sie macht.

Dreifacher Palstek

Ein dreifacher Palstek ist im Grunde ein Palstek, der mit einem doppelt gelegten Seil gemacht wird.

Es entstehen drei Schlaufen, die u.a. als Sitzgurt oder Hebegurt verwendet werden können, wobei jeweils eine Schlaufe um die Oberschenkel und die andere um die Brust gelegt wird.

Knüpfen Sie ihn genau wie einen Palstek, indem Sie an der Mitte des Seils arbeiten. Verwenden Sie nicht die Enden. Das laufende Ende muss weit genug herausragen, um die dritte Schlaufe zu bilden.

Achten Sie beim Ziehen von Personen auf den Druck, den das Seil auf den Brustkorb ausüben kann. Zur Entlastung kann eine Fußschlaufe angebracht werden.

Schweizer Methode

Dies ist ein improvisierter Klettergurt, der gut genug ist, um z.B. Prusikschlingen für den Aufstieg zu verwenden, sofern man keinen handelsüblichen Gurt hat.

FFinden Sie die Mitte des Seils. Legen Sie es um Ihre Taille und binden Sie die erste Hälfte eines Chirurgenknotens an Ihrer Vorderseite.

Führen Sie die Enden zwischen den Beinen hindurch und stecken Sie sie dann auf beiden Seiten der Taille durch den Wickel, den Sie um Ihre Taille gemacht haben.

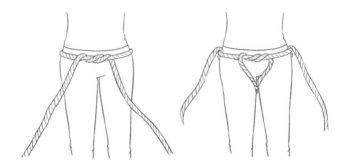

Ziehen Sie an den Enden, während Sie ein paar Kniebeugen machen. Dadurch wird das Seil gestrafft und der Tragekomfort geprüft. Als Nächstes wickeln Sie das Seil mit jedem Ende vollständig um Ihren „Gürtel".

Binden Sie die Enden mit einem Riffknoten zusammen. Machen Sie ihn etwas versetzt, um Platz für einen Karabiner zu lassen. Machen Sie mit dem übrig gebliebenen Seil, das um beide „Gürtel" geht, einen halben Knoten.

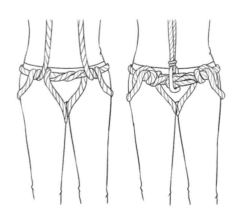

SICHERUNGSSEILE

Der Palstek zur Selbstrettung ist ein nützliches Werkzeug, falls Sie in eine „Mann über Bord"- Situation oder etwas Ähnliches geraten. Dabei wird ein Palstek mit nur einer Hand um die Taille gebunden.

Wickeln Sie das Seil so um Ihre Taille, dass sich das stehende und das laufende Ende vor Ihnen befinden, mit Ihrem Körper (Taille) dazwischen. In dieser Demonstration ist das laufende Ende rechts von Ihnen.

Halten Sie das laufende Ende in der rechten Hand und lassen Sie mindestens 15 cm Seil über Ihre Hand hinaus. Ohne das laufende Ende loszulassen, bringen Sie es über den stehenden Teil, um einen Kreuzungspunkt zu bilden.

Führen Sie es durch die Lücke zwischen Ihrem Körper und dem Kreuzungspunkt nach oben. Das Seil wird um Ihre Hand gewickelt.

Führen Sie das laufende Ende des Seils mit den Fingern, aber ohne es loszulassen, unter dem stehenden Teil hindurch, kurz hinter dem ersten Kreuzungspunkt. Dadurch entsteht ein zweiter Kreuzungspunkt.

Bewegen Sie das laufende Ende mit den Fingern weiter, so dass es sich zwischen den beiden Kreuzungspunkten einfügt. Es wird von oben nach unten geführt. Am Ende sollten Sie das laufende Ende festhalten.

Ziehen Sie anschließend Ihre Hand aus der Schlaufe am Handge-
lenk heraus, wobei Sie das laufende Ende mitnehmen. Ziehen Sie
den Knoten fest.

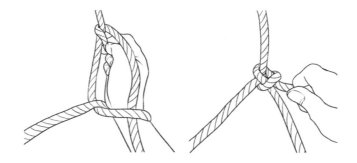

FLUSSÜBERQUERUNG MIT SEIL

In einer Überlebenssituation kann die Überquerung eines Flusses ein äußerst riskantes Unterfangen sein. Mit dieser Methode lässt sich das Risiko erheblich verringern, obwohl es immer noch gefährlich ist.

Sie brauchen mindestens drei Personen und ein Seil, das dreimal so breit ist wie der Fluss.

Der erste und der letzte Teilnehmer sollten die stärksten in der Gruppe sein, wobei der stärkere von beiden zuerst geht.

Knüpfen Sie das Seil zu einer großen Schlaufe und befestigen Sie die Person, die zuerst überqueren will (Person A), an der Schlaufe. Binden Sie eine Schmetterlingsschlaufe in das Seil und legen Sie es über die Brust der Person.

Während Person A überquert, lassen die beiden anderen das Seil nach Bedarf aus. Sie müssen ihr Bestes tun, um das Seil aus dem Wasser zu halten, und bereit sein, Person A bei Bedarf zurückzuholen.

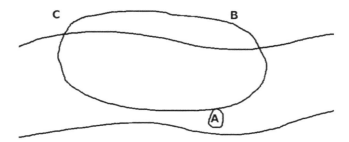

Person A ist die einzige Person, die am Seil gesichert ist.

Wenn Person A die andere Seite erreicht, bindet er/sie sich los.

ANun können so viele Personen wie nötig überqueren (B), eine nach der anderen, indem sie sich am Seil sichern und hinübergehen.

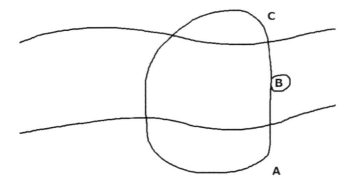

Obwohl mehrere Personen beim Überqueren helfen können, sollte
die stärkste Person (A) die meiste Last tragen, indem sie sich so nah
wie möglich direkt gegenüber der überquerenden Person aufhält.

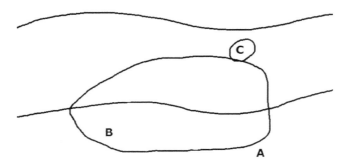

HERSTELLUNG EINES STELLNETZES

Die Herstellung eines Stellnetzes ist zeit- und ressourcenaufwändig, aber es ist sehr effektiv, um in einer Überlebenssituation Meerestiere oder Vögel zu fangen.

Binden Sie eine Wäscheleine zwischen zwei Bäume, an der Sie arbeiten können. Nehmen Sie mehrere Leinenstücke und binden Sie sie mit Ankerstichen an die Wäscheleine. Halten Sie dabei einen Abstand von etwa 10 cm ein. Binden Sie die einzelnen Schnüre mit Überhandknoten zusammen. Befestigen Sie sie senkrecht in einem Abstand von etwa 10 cm.

Zwischen den Bäumen kann eine weitere Schnur als Richtschnur gespannt werden. Verwenden Sie die Richtschnur, um sicherzustellen, dass Sie die verbindenden Überhandknoten auf der gleichen Höhe anbringen.

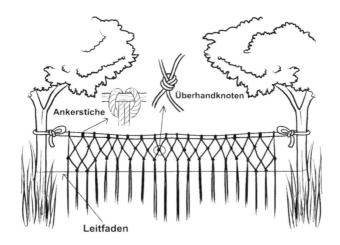

Wenn Sie fertig sind, können Sie oben Auftriebskörper und unten Gewichte anbringen. So bleibt das Netz senkrecht im Wasser.

Spannen Sie das Stellnetz über einen Fluss. Am wirkungsvollsten ist es in ruhigen Gewässern, z.B. in einem See (in der Nähe des Zu-

und Ablflusses sind gute Stellen) oder im Rückstau eines großen Flusses.

Das Stellnetz fängt alles ab, also lassen Sie es nicht zu lange im Wasser.

Wenn Sie sich auf offener See befinden, ziehen Sie ein Stellnetz von einem Ende zum anderen unter den Kiel Ihres Floßes oder Bootes. Damit fangen Sie alles, was sich in den von Ihrem Boot geschaffenen Schutz verirrt.

HERSTELLUNG EINES SEILS

Seil (Kordel, Schnur usw.) ist äußerst nützlich und kann aus vielen verschiedenen Materialien improvisiert werden, z.B. aus Stoff, Angelschnur und Schnürsenkeln.

Wenn so etwas nicht zur Verfügung steht (oder man nicht bereit ist, es herzugeben), können auch andere gängige Materialien zu Seilen verarbeitet werden. Geeignet sind unter anderem:

- Tierhaare.
- Innere Rinde (Zeder, Kastanie, Ulme, Hickory, Linde, Maulbeere und Weißeiche eignen sich gut). Schreddern Sie die Pflanzenfasern aus der inneren Rinde.
- Faserige Stängel (Geißblatt und Brennnessel eignen sich gut).
- Gräser.
- Palmen.
- Binsen.
- Sehnen (trockene Sehnen von Großwild).
- Rohleder.
- Reben (starke Reben können ohne weitere Vorbereitung verwendet werden, aber zusammengesponnene Pflanzenfasern sind haltbarer).

Herstellung von Seilen aus Pflanzenmaterial

Wenn Sie glauben, ein geeignetes Pflanzenmaterial gefunden zu haben, prüfen Sie, ob es den folgenden Tests standhält.

Hinweis: Harte Fasern können durch Dämpfen oder Einweichen in Wasser weicher gemacht werden.

- Ziehen Sie die Enden in entgegengesetzte Richtungen.
- Drehen und rollen Sie es zwischen Ihren Fingern.
- Knüpfen Sie einen Überhandknoten darin.

Um aus dem Material ein Seil zu machen, müssen Sie es zusammen knüpfen. Sammeln Sie einen kleinen Haufen davon zusammen. Teilen Sie es in zwei Hälften und drehen Sie eine Hälfte, bevor Sie sie wieder zusammenfügen. Dies stellt eine gleichmäßige Beschaffenheit des Seils sicher.

Nehmen Sie ein Bündel des Materials, je nachdem, wie dick Sie Ihre Kordel/das Seil haben wollen, und knoten Sie es an einem Ende zusammen.

Teilen Sie die verbleibende Seite des Bündels in zwei gleichmäßige Teile und drehen Sie beide im Uhrzeigersinn, so dass zwei Stränge entstehen.

Drehen Sie dann einen der Stränge gegen den Uhrzeigersinn um den anderen. Binden Sie das Ende zu, damit es sich nicht auflöst.

Kürzere Längen können Sie durch Spleißen miteinander verbinden. Dazu verdrehen Sie die Enden der Stränge zusammen, während sie noch in zwei Längen vorliegen, bevor Sie sie gegen den Uhrzeigersinn verdrehen. Verdrehen Sie auf jeder Seite ein kleines Bündel (für jeden der Stränge) und fahren Sie dann einfach mit dem Verdrehen fort. Das können Sie so oft machen, bis Sie die gewünschte Länge des Seils erreicht haben.

Dickere Seile können durch die Verwendung größerer Grasbündel oder durch das Zusammenflechten mehrerer Seile hergestellt werden.

Seile aus Tieren Herstellen

In einer Überlebenssituation haben Sie vielleicht das Glück, Wild zu erlegen. Sie sollten nichts verschwenden.

Sehnen sind ein ausgezeichnetes Material für kleine Zurrgurte. Entfernen Sie die Sehnen von Wildtieren und trocknen Sie sie. Wenn sie ganz trocken sind, hämmern Sie sie, bis sie faserig werden. Fügen Sie etwas Feuchtigkeit hinzu, damit Sie die Fasern zusammendrehen können. Sie können sie auch zusammenflechten, was ein stärkeres Produkt ergibt.

Sehne ist im nassen Zustand klebrig und härtet beim Trocknen aus. Solange die Sehne nass ist, kann man kleine Gegenstände zusammenbinden, und da sie hart trocknet, ist die Verwendung von Knoten nicht erforderlich.

Wenn die Aufgabe zu groß für Sehnen ist, kann Rohleder verwendet werden. Häuten Sie mittelgroßes bis großes Wild und reinigen Sie die Haut sehr sorgfältig. Achten Sie darauf, dass kein Fett oder Fleisch mehr vorhanden ist, Haare/Fell sind jedoch in Ordnung. Trocknen Sie alles vollständig. Wenn es Falten gibt, in denen sich Feuchtigkeit sammelt, müssen Sie die Haut ausdehnen. Sobald sie trocken ist, schneiden Sie sie in ein durchgehendes, 5 bis 10 mm breites längliches Stück. Beginnen Sie dazu am besten in der Mitte der Haut und schneiden Sie kreisförmig nach außen, wobei Sie die Spirale nach und nach erweitern.

Um die Rohhaut zu verwenden, weichen Sie sie ein, bis sie nachgiebig ist. Das dauert in der Regel zwei bis vier Stunden. Verwenden Sie sie nass und dehnen Sie sie dabei so weit wie möglich. Lassen Sie sie trocknen.

Verwandte Kapitel:

• Festmacherknoten

WURFSEIL

Wenn man die Technik beherrscht, ein Seil richtig zu werfen, kann man es viel weiter werfen. In den meisten Fällen sollten Sie versuchen, das Seil weiter zu werfen, als Sie glauben, dass es nötig ist. Wenn Sie ein Ende des Seils bei sich behalten wollen (was normalerweise der Fall ist), sollten Sie es an etwas befestigen.

Hinweis: Auch wenn Sie jemandem das ganze Seil zuwerfen, ist es eine gute Idee, eines der Enden zu sichern. Wenn Ihr Wurf das Ziel verfehlt, können Sie das Seil einfach zurückziehen, und wenn er es tut, können Sie das Seil einfach losmachen und Ihr Mitstreiter kann es rüberziehen.

Binden Sie ein Gewicht oder mehrere Überhandknoten an das Ende, das Sie als Lasso nutzen wollen. Wickeln Sie die Hälfte des Seils in die Handfläche Ihrer rechten Hand. Wickeln Sie den Rest des Seils um Ihre Finger.

Stellen Sie sich auf ein Ende, um es zu sichern, oder binden Sie es an etwas fest. Greifen Sie mit der linken Hand die Umwicklungen, die Sie an Ihren Fingern gemacht haben.

Lassen Sie beim Wurf die rechte Windung einen Sekundenbruchteil vor der linken los. Wenn Sie ein beschwertes Seil über einen Ast werfen, achten Sie darauf, dass es zurückschwingt.

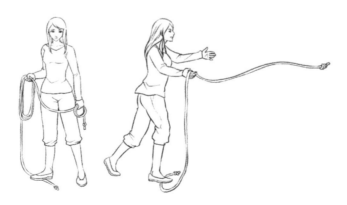

REFERENZEN

Brayak, D. Keenan, T. (2007). *Coopers Rock Bouldering Guide (Bouldering Series)*. Falcon Guides.

Budworth, G. Dalton, J. (2016). The Little Book of Incredibly Useful Knots: 200 Practical Knots for Sailors, Climbers, Campers & Other Adventurers. Skyhorse.

Emerson, C. (2016). *100 Deadly Skills: Survival Edition*. Atria Books.

Hanson, J. (2015). *Spy Secrets That Can Save Your Life*. TarcherPerigee.

Hanson, J. (2018). *Survive Like a Spy*. TarcherPerigee.

Jarmin, C. (2013). *The Knot Tying Bible: Climbing, Camping, Sailing, Fishing, Everyday*. Firefly Books.

Jäger, J. Sundsten, B. (2014). *My First Book of Knots: A Beginner's Picture Guide (180 color illustrations)*. Sky Pony.

Wiseman, J. (2015). *SAS Survival Guide*. William Collins.

ÜBER SAM FURY

Sam Fury war schon als kleiner Junge, der in Australien aufwuchs, vom SERE- Training (Survival, Evasion, Resistance and Escape) begeistert.

Dies führte ihn zu jahrelangen Ausbildungen und Berufserfahrung in verwandten Bereichen wie Kampfsport, militärisches Training, Überlebenstechniken, Outdoor-Sport und nachhaltiges Leben.

Heutzutage verbringt Sam seine Zeit damit, seine bestehende Fähigkeiten zu verbessern, neue Fähigkeiten zu erlernen und das Gelernte über die Survival Fitness Plan Website weiterzugeben.

www.SurvivalFitnessPlan.com

amazon.com/author/samfury

goodreads.com/SamFury

facebook.com/AuthorSamFury

instagram.com/AuthorSamFury

youtube.com/SurvivalFitnessPlan

Lightning Source UK Ltd.
Milton Keynes UK
UKHW050724061122
411674UK00014B/67